Selma Lagerlöf

Nils Holgersson

Selma Lagerlöf

Nils Holgersson

Neu erzählt von Manfred Mai

Mit Bildern von Petra Dorkenwald

Hase und Igel®

Für Lehrkräfte gibt es zu diesem Buch
ausführliches Begleitmaterial beim Hase und Igel Verlag.

MIX
Papier aus verantwortungsvollen Quellen
FSC® C043106
FSC
www.fsc.org

Sonderausgabe mit Silbenhilfe

www.hase-und-igel.de
Lektorat: Birgit Fürst
Druck: Grafisches Centrum Cuno GmbH & Co. KG

ISBN 978-3-86316-011-1
3. Auflage 2024

Inhalt

1. Nils wird verzaubert

Es war einmal ein Junge, der hieß Nils Holgersson und lebte mit seinen Eltern auf einem kleinen Bauernhof in Schweden. Er war ungefähr vierzehn Jahre alt und hatte flachsblonde Haare. Nils war groß und kräftig, allerdings ziemlich faul; die meiste Zeit verbrachte er mit Schlafen und Essen. Doch sein größtes Vergnügen war es, irgendetwas anzustellen.

An einem Sonntagmorgen wollten seine Eltern den Gottesdienst besuchen.

„Geht nur“, dachte Nils, „dann kann ich Vaters Gewehr nehmen und damit schießen, ohne dass es mir jemand verbietet.“

Der Vater schien die Gedanken seines Sohnes zu ahnen. „Wenn du schon nicht mit uns zur Kirche gehen willst, wirst du die Predigt zu Hause lesen!“ Er drückte Nils das Kirchenblatt in die Hand. „Es sind vierzehn und eine halbe Seite. Wenn wir zurückkommen, werde ich dich über jede Seite abfragen“, sagte der Vater streng. „Und wehe, du hast nicht aufmerksam gelesen!“

„Verflixt!“, rief Nils, als er seinen Eltern hinterherschaute. „Jetzt sitze ich in der Falle.“

Draußen war herrliches Frühlingswetter und Nils hatte keine Lust, in der Stube zu sitzen und die Predigt zu lesen. Aber dann dachte er an die Worte seines Vaters und hielt es für besser, diesmal folgsam zu sein. Also setzte er sich in den Lehnstuhl und begann zu lesen. Doch die Predigt langweilte ihn und es dauerte nicht lange, bis er einschlief.

Kurze Zeit später wurde Nils von einem Geräusch geweckt. Er schaute sich um und sah auf dem Rand von Mutters Truhe ein Wichtelmännchen sitzen. Nils hatte schon von solchen

Wesen gehört, aber noch nie eines gesehen. Und er hätte nie gedacht, dass sie so klein sein könnten. Das Männchen hatte ein runzliges, bartloses Gesicht, trug einen breitrandigen schwarzen Hut, ein schwarzes Gewand und schwarze Schuhe.

Nils bekam Lust, dem Wichtelmännchen einen Streich zu spielen. Aber er traute sich nicht, es mit den Händen anzufassen. Da entdeckte er beim Fenster ein Fliegennetz. Vorsichtig griff er danach. Dann schlich er sich leise von hinten an, schwang das Netz über das Wichtelmännchen und – schwupp! – schon hatte der Junge es gefangen.

Als sich das Wichtelmännchen vom ersten Schreck erholt hatte, sagte es: „Lass mich bitte wieder frei! Ich gebe dir auch eine Goldmünze dafür."

Zuerst war Nils einverstanden. Doch als das Wichtelmännchen schon fast aus dem Netz gekrabbelt war, dachte der Junge, er könnte sich noch mehr wünschen. Sofort schüttelte er das Netz kräftig, damit das Männchen wieder hineinpurzelte.

Im selben Augenblick bekam Nils eine so fürchterliche Ohrfeige, dass ihm war, als zerspringe sein Kopf in tausend Stücke. Er flog an die Wand, fiel auf den Boden und blieb bewusstlos liegen.

Als Nils wieder zu sich kam, war das Wichtelmännchen spurlos verschwunden. Hätte dem Jungen die rechte Wange nicht so sehr gebrannt, dann hätte er alles für einen merkwürdigen Traum gehalten.

Aber was war das? Das Zimmer schien größer geworden zu sein!

„Ich glaube, das Wichtelmännchen hat den Lehnstuhl und den Tisch und die ganze Stube verhext", murmelte Nils.

Er kletterte auf den Stuhl und von der Lehne auf den Tisch. Dort fiel sein Blick in den Spiegel, der auf dem Fensterbrett stand. „Da ist ja noch einer!", rief er, denn im Spiegel war ein winzig kleiner Knirps zu sehen. „Der ist ja genauso angezogen wie ich", sagte Nils und klatschte in die Hände. Da sah er, dass der Kleine im Spiegel dasselbe tat. Nils erschrak, denn nun begriff er, dass das Wichtelmännchen ihn verzaubert hatte.

Der kleine Knirps, den er im Spiegel sah, war er selbst.

2. Klein und schwach

Nils suchte das Wichtelmännchen, konnte es aber nirgendwo finden. Im Hof entdeckte ihn ein Spatz und rief: „Seht doch, da kommt Nils, der Gänsehirt! Er ist ein Däumling geworden!“

Sofort begann ein Gegacker und Geschnatter.

„Ga-ga-ga-gag“, gackerten die Hühner. „Das geschieht ihm ganz recht! Das geschieht ihm ganz recht!“

Nils wunderte sich sehr, denn er konnte verstehen, was sie sagten.

„Haltet den Schnabel!“, rief er wütend und warf einen Kieselstein nach ihnen. Doch er hatte vergessen, dass die Hühner sich nicht mehr vor ihm fürchten mussten. Sie kamen drohend auf ihn zu.

Nils lief davon und sah die Katze. „Liebe Mieze“, sagte er mit seiner freundlichsten Stimme, „du kennst doch alle Winkel und Schlupflöcher hier auf dem Hof. Sag mir bitte, wo ich das Wichtelmännchen finden kann.“

Die Katze schnurrte. „Natürlich weiß ich, wo das Wichtelmännchen wohnt. Aber warum soll ich es dir verraten? Du hast mich so oft am Schwanz gezogen.“

Nils wurde zornig und vergaß schon wieder, wie klein er war. „Ich kann dich ja noch einmal am Schwanz ziehen!“

Die Katze fauchte, ihre Augen funkelten. Sie machte einen Satz, warf den Jungen um und setzte ihm die Vorderpfoten auf die Brust. Langsam näherten sich ihre scharfen Zähne seinem Hals. Nils schrie um Hilfe so laut er konnte, doch niemand kam.

„So“, knurrte die Katze, „diesmal lasse ich dich deiner guten Mutter zuliebe laufen. Aber jetzt

weißt du, wer von uns beiden der Stärkere ist."
Mit diesen Worten schlich sie davon.

Nils musste sich von diesem Schreck erst erholen. Dann ging er in den Kuhstall, weil er hoffte, dort das Wichtelmännchen zu finden. Die drei Kühe empfingen ihn mit lautem Muhen.

„Komm nur her!", schnaubte Gull-Lilja. „Dann lasse ich dich auf meinen Hörnern reiten! Als Rache für die Wespen, die du mir ins Ohr gesetzt hast."

„Ja, komm nur her!", brüllte Stern. „Dann sollst du erfahren, wie weh es getan hat, als du mir deinen Holzschuh ins Kreuz geworfen hast!"

„Ja, komm nur her! Dann bekommst du alles heimgezahlt!“, rief Majros.

Nils wich ängstlich zurück. Er begriff, dass niemand ihm helfen wollte. Traurig und mutlos setzte er sich auf einen Stein und grübelte darüber nach, was er nun tun sollte.

Am Himmel über ihm flogen Wildgänse nach Norden. Als sie die zahmen Gänse auf dem Hof sahen, flogen sie tiefer und riefen: „Kommt mit! Kommt mit! Wir fliegen über die hohen Berge!“

Die zahmen Gänse reckten ihre Hälse und antworteten: „Uns geht es hier gut!“

Doch bei dem jungen Gänserich Martin lösten die Zurufe der Wildgänse ein unbändiges Reisefieber aus. Und als die nächste Schar wieder rief, schrie er: „Wartet, ich komme mit!“ Er breitete seine Flügel aus, lief los und schwang sich in die Luft. Aber weil er das Fliegen nicht gewohnt war, fiel er auf den Boden zurück.

„Wartet! So wartet doch!“, bettelte der Gänserich und unternahm einen neuen Versuch.

Das alles beobachtete Nils und dachte: „Vater und Mutter wären bestimmt traurig, wenn der Gänserich bei ihrer Rückkehr nicht mehr da wäre.“

Zum dritten Mal vergaß der Junge, wie klein und schwach er war. Er lief zum flatternden Gänserich, packte ihn an den Federn und rief: „Das lässt du schön bleiben, hörst du?“

Genau in diesem Augenblick hatte der Gänserich herausgefunden, was er tun musste, um vom Boden abzuheben. Er achtete nicht auf Nils und flog mit ihm in die Luft. Alles ging sehr schnell und als Nils nach unten schaute, wurde ihm klar, dass er nicht mehr loslassen durfte. Sie waren schon so hoch oben, dass er einen Sturz nicht überlebt hätte. Mühsam kletterte er auf den

Rücken des Gänserichs und hielt sich mit beiden Händen an seinem Hals fest, um nicht hinunterzufallen.

3. Unterwegs mit den Wildgänsen

Der zahme Gänserich fühlte sich großartig und war ziemlich stolz, dass er mit den Wildgänsen übers Land flog. Doch allmählich wurde er müde und blieb hinter den anderen zurück. Die Wildgänse am Schluss des Zuges bemerkten es und riefen nach vorn: „Akka von Kebnekajse! Akka von Kebnekajse! Der Weiße bleibt zurück!"

„Sagt ihm, schneller fliegen ist leichter als langsam!", antwortete die Leitgans und flog weiter.

Der Gänserich versuchte, den Rat zu befolgen, wurde aber noch müder und sank bis auf die Höhe der Weidenbäume.

„Akka! Akka! Akka von Kebnekajse! Der Weiße sinkt!"

„Sagt ihm, es ist leichter, hoch zu fliegen als niedrig!“, rief die Leitgans.

Wieder versuchte der Gänserich, den Rat zu befolgen. Doch als er höher fliegen wollte, kam er völlig außer Atem.

„Akka! Akka! Der Weiße stürzt ab!“

„Sagt ihm, wer nicht mithalten kann, muss umkehren!“ Akka von Kebnekajse dachte nicht daran, langsamer zu fliegen.

„So ist das also!“ Dem Gänserich Martin wurde klar, dass die Wildgänse ihn gar nicht nach Lappland mitnehmen wollten. Sie hatten ihn nur zum Spaß gelockt.

Am meisten ärgerte ihn, dass er ausgerechnet an Akka von Kebnekajse geraten war. Von ihr hatte er schon viel gehört. Sie sei hundert Jahre alt, nehme nur die besten Wildgänse in ihre Schar auf und verachte alle zahmen Gänse. Deshalb hätte er ihr gern bewiesen, dass er mithalten konnte. Doch er merkte, wie er immer schwächer wurde. Zu seinem Glück flog die Schar nun abwärts und landete am Ufer des Vombsees.

„Hier wollen sie wohl übernachten“, dachte Nils und sprang vom Rücken des Gänserichs.

Der See trug noch eine Eisdecke, die am Ufer schon ein Stück geschmolzen war. Der Junge schaute sich um und fühlte sich in dieser kalten, menschenleeren Gegend so einsam, dass er am liebsten geweint hätte. Und er war hungrig, denn er hatte den ganzen Tag noch nichts gegessen.

Aber wo sollte er hier etwas Essbares finden? Und wo konnte er schlafen? Wer würde ihn vor den wilden Tieren beschützen?

Die Sonne war inzwischen untergegangen und in der Dämmerung wirkte alles noch unheimlicher. Nils fürchtete sich und schaute sich nach dem Gänserich um. Sonst hatte er hier ja niemanden.

Der Gänserich lag regungslos auf dem Boden und atmete nur noch schwach. Er sah aus, als ginge es mit ihm zu Ende.

„Lieber Gänserich Martin“, sagte Nils, „du musst Wasser trinken! Steh auf! Es sind keine zwei Schritte bis zum See.“

Aber der Gänserich rührte sich nicht.

Nils bekam große Angst, er könnte ihn verlieren. Mit aller Kraft schob und zog der Junge ihn zum Wasser. Das war ein schweres Stück Arbeit, aber

er schaffte es. Als der Kopf des Gänserichs im Wasser landete, kam er zu sich, trank, richtete sich langsam auf und schwamm ins Schilf hinein.

Unter sich entdeckte er einen kleinen Barsch, schnappte sich ihn und brachte ihn dem Jungen. „Der ist für dich, weil du mir ins Wasser geholfen hast."

Das waren die ersten freundlichen Worte, die Nils an diesem Tag hörte. Er sah den Fisch und glaubte zuerst nicht, dass er ihn roh essen konnte. Aber weil er so großen Hunger hatte, nahm er schließlich sein Taschenmesser, reinigte den Fisch und aß sich satt.

Der Gänserich meinte leise: „Wir sind unter ein ziemlich eingebildetes Wildgänsevolk geraten."

„Ja, das habe ich auch schon gemerkt."

„Ich würde gern mit ihnen nach Lappland fliegen, um ihnen zu beweisen, dass auch eine zahme Gans etwas leisten kann", sagte der Gänserich. „Aber ich fürchte, dass ich mich allein nicht zurechtfinde. Deshalb möchte ich dich fragen, ob du mitkommen und mir helfen willst."

Nils war überrascht. Eigentlich wollte er so schnell wie möglich nach Hause. Andererseits sagte er sich, es wäre vielleicht besser, seinen Eltern als Däumling nicht unter die Augen zu kommen. Er wollte gerade zustimmen, da hörte er hinter sich lautes Geschnatter. Die Wildgänse kamen angewatschelt, an ihrer Spitze Akka von Kebnekajse.

Der Gänserich konnte Nils gerade noch zuflüstern: „Sag nicht, dass du ein Mensch bist."

„Jetzt möchten wir gern wissen, wer ihr seid und wie es kommt, dass du so mutig bist, mit uns Wildgänsen zu fliegen", sagte Akka von Kebnekajse.

„Vielleicht um euch zu beweisen, dass auch wir zahmen Gänse etwas können", antwortete der Gänserich.

„Nun ja, fliegen scheint nicht gerade deine Stärke zu sein, wie wir gesehen haben", stellte Akka von Kebnekajse fest. „Aber vielleicht kannst du ja besser schwimmen oder laufen?"

„Nein, beides kann ich nicht besonders gut", gestand der Gänserich und fürchtete schon, die Leitgans werde ihn auf keinen Fall mitnehmen.

„Es ist mutig, so offen und ehrlich zu antworten", sagte die Leitgans. „Und wer Mut hat, ist ein guter Reisegefährte. Du darfst also ein paar Tage bei uns bleiben. Dann sehen wir, was du wirklich kannst. Aber sage mir, wen du da bei dir hast. So einen habe ich noch nie gesehen."

„Das ist mein Begleiter“, entgegnete der Gänserich. „Er war sein Leben lang Gänsehirt und kann uns auf der Reise bestimmt nützlich sein.“

„Einer zahmen Gans vielleicht“, meinte Akka von Kebnekajse hochnäsig. „Wie heißt er denn?“

Nils ärgerte sich über die Leitgans und vergaß, was der Gänserich gesagt hatte. „Ich heiße Nils Holgersson und war bis zum heutigen Tag ein Mensch. Aber heute Morgen …“

Weiter kam er nicht. Die Wildgänse wichen zurück, reckten die Hälse und zischten gefährlich.

„Du bist mir doch gleich verdächtig vorgekommen!“, rief Akka von Kebnekajse. „Scher dich weg, wir dulden keine Menschen unter uns!“

Der Gänserich versuchte sie zu beruhigen. „Ihr werdet euch doch vor so einem kleinen Kerl nicht fürchten.“

„Man hat mich gelehrt, alle Menschen zu fürchten, egal ob klein oder groß“, sagte die Leitgans. „Deshalb muss er fort. Er kann meinetwegen noch über Nacht bleiben, aber nur, wenn du dafür sorgst, dass er uns nichts tut. Wir werden

draußen auf dem schwimmenden Eis übernachten. Dort sind wir in Sicherheit."

Und schon flog sie davon, gefolgt von ihrem ganzen Schwarm.

„Wir müssen auch hinaus aufs Eis", sagte der Gänserich zu Nils.

Der erschrak. „Auf dem Eis werden wir erfrieren!"

„Hab keine Angst. Du musst nur schnell so viel Stroh und Gras sammeln, wie du tragen kannst."

Nils fragte nicht wozu, sondern tat, was der Gänserich verlangte. Als er mit vollen Armen zurückkam, packte ihn der Gänserich mit dem Schnabel am Hemdkragen und flog mit ihm aufs Eis hinaus.

„Breite alles auf dem Eis aus, damit ich mich drauflegen kann und nicht festfriere", sagte er. „Du hilfst mir, ich helfe dir." Mit diesen Worten hob der Gänserich den Jungen unter seinen Flügel. „Hier liegst du warm und weich."

Weil Nils von dem langen und anstrengenden Tag sehr müde war, schlief er augenblicklich ein.

4. Nils als Retter

In der Nacht trieb die Eisscholle, auf der die Gänse und Nils schliefen, langsam ans Ufer. Das sah der Fuchs Smirre auf seiner nächtlichen Jagd. Leise sprang er auf die Scholle, rutschte aber aus, wobei seine Krallen auf dem Eis kratzten. Davon erwachten die Gänse und schlugen aufgeregt mit den Flügeln, um davonzufliegen.

Nils glitt abwärts und landete ziemlich unsanft auf dem Eis. „Was ist …“ – Er stockte, weil er im Mondschein sah, wie sich ein Tier eine Wildgans schnappte. Nils dachte, Smirre sei ein Hund, und lief hinter ihm her an Land. Vor lauter Aufregung vergaß er wieder, wie klein er war. „Lass die Gans los, du Lümmel!“, rief er.

Der Fuchs zögerte kurz und Nils packte ihn am Schwanz. „Jetzt hab ich dich!“

Smirre lief weiter und riss Nils mit sich. Im Wald hielt er an, legte die Gans auf den Boden und versuchte, Nils abzuschütteln. Doch der zwickte ihn mit aller Kraft in den Schwanz. Diese Ablenkung nutzte die Gans, um davonzuflattern.

Der Fuchs wurde wütend. „Jetzt ist mir die Gans wegen dir entwischt, dafür fresse ich dich!“, fauchte er, drehte sich im Kreis und schnappte nach Nils. Weil er ihn nicht erwischte, drehte sich Smirre immer schneller. Da ließ der Junge den Schwanz los und kletterte rasch auf eine Buche.

„Du brauchst nicht länger zu tanzen!“, rief Nils von oben.

Der Fuchs stoppte und schaute hoch. „Na, warte!“, knurrte er und legte sich unter den Baum.

Nils saß da oben alles andere als bequem. Und er fror. Es war fürchterlich, mitten in der Nacht auf einem Baum zu sitzen und unten einen Fuchs lauern zu sehen.

Als endlich die Sonne aufging, hörte er vom See her die Rufe der Wildgänse. Kurze Zeit später flogen sie über den Wald hinweg. Nils rief mit schwacher Stimme. Wenig später kam eine Wildgans in den Wald geflogen. Smirre entdeckte sie, machte einen Satz, verfehlte sie jedoch. Die Wildgans flog in Richtung See und Smirre verfolgte sie. Nach und nach kamen noch mehr Wildgänse. Sie alle flogen so tief, dass der Fuchs sie fast erreichen konnte, aber eben nur fast.

Da begriff Smirre, dass er hereingelegt worden war. Schnell lief er in den Wald zurück, doch der Junge saß nicht mehr auf dem Ast und war auch sonst nirgendwo zu finden. Er hatte ein verlassenes Eichhörnchennest entdeckt und sich hineingelegt. Weil er so müde war, schlief er bis zum Abend. Dann machte er sich auf den Weg zum Vombsee.

„Nun werden sie mich mit dem Gänserich Martin nach Hause schicken“, dachte er.

Aber als er zu den Wildgänsen kam, sprach niemand vom Wegschicken. Und auch an den folgenden Tagen nicht.

Am Sonntag saß Nils am Seeufer und blies auf einer Weidenpfeife. Sein Leben als Zwerg unter den Wildgänsen gefiel ihm von Tag zu Tag besser. Da sah er Akka und die anderen Gänse auf sich zukommen.

„Du hast dich bestimmt schon gewundert, dass ich mich noch nicht bei dir bedankt habe, obwohl du eine von uns vor Smirre gerettet hast", begann Akka von Kebnekajse. „Aber ich bedanke mich lieber mit Taten als mit Worten. Und ich glaube, lieber Däumling, ich kann dir heute eine große Freude machen. Ich habe nämlich an das Wichtelmännchen, das dich verzaubert hat, eine Botschaft geschickt und ihm mitgeteilt, wie gut du dich bei uns benommen hast. Deshalb ist es bereit, dich wieder in deine alte Gestalt zu verwandeln, sobald du nach Hause zurückkehrst."

Nils begann zu weinen.

„Was soll das bedeuten?", fragte Akka. „Hast du noch mehr erwartet?"

Nils schüttelte den Kopf und schluchzte. „Ich mache mir nichts daraus, wieder ein Mensch zu werden. Ich will mit euch nach Lappland!"

Die Leitgans war überrascht. „Hör zu", sagte sie zu dem Jungen, „das Wichtelmännchen ist sehr empfindlich. Ich glaube nicht, dass es dir noch einmal so ein Angebot macht, wenn du es jetzt nicht annimmst."

Nils wischte sich die Tränen ab und schaute die Gänse an. Er hatte sich noch nie so wohl gefühlt wie bei ihnen. „Ich will nie wieder ein Mensch werden, ich will mit euch nach Lappland!", wiederholte er.

„In Ordnung", meinte Akka, „du kannst uns begleiten. Aber überlege dir das gut. Es könnte der Tag kommen, an dem du es bereust."

„Nein!", rief der Junge. „Ich werde bestimmt nichts bereuen!"

„Dann soll es so sein, wie du es willst."

„Danke, danke!", rief Nils und fühlte sich so glücklich, dass er nun vor Freude weinte.

5. Die Stadt im Meer

Zwei Wochen später erreichten sie Smaland. Sie suchten auf einem Berg einen Schlafplatz für die Nacht. Nils machte sich ein Lager aus Moos und Gras. Aber er konnte nicht einschlafen und schaute zum runden Mond hinauf, der am klaren Sternenhimmel hell leuchtete. Plötzlich bewegte sich etwas und es sah aus, als würde ein großer, schwarzer Vogel mitten aus dem Mond herausfliegen. Als er näher kam, erkannte Nils, dass es der Storch Herr Ermenrich war, dem er auf seiner Reise schon einmal begegnet war. Wenig später landete Herr Ermenrich neben dem Jungen und stieß ihn mit dem Schnabel an, um ihn zu wecken.

„Ich schlafe doch gar nicht“, sagte Nils. „Aber warum sind Sie mitten in der Nacht unterwegs? Wollen Sie mit Mutter Akka sprechen?“

Herr Ermenrich schüttelte den Kopf. „Diese Nacht ist zu schön zum Schlafen. Wollen wir nicht zusammen einen Ausflug machen?“

„Gern!“, antwortete Nils. „Aber vor Sonnenaufgang muss ich wieder hier sein.“

„Das verspreche ich dir“, versicherte der Storch.

Nils kletterte auf seinen Rücken und schon ging die Reise los. Höher und höher stieg der Storch und es sah so aus, als würden sie direkt in den leuchtenden Mond hineinfliegen.

Nach einiger Zeit glitt Herr Ermenrich sacht hinab zur Erde und landete an einem einsamen Strand mit feinem Sand. „Jetzt muss ich mich ein wenig ausruhen“, sagte er. „Du kannst inzwischen am Strand spazieren gehen. Aber verlaufe dich nicht!“

Nils wollte auf einen Sandhügel steigen, um zu sehen, was dahinter lag. Dabei stieß er mit seinem Schuh gegen etwas Hartes. Er bückte sich und sah im Mondlicht eine vom Salzwasser zerfressene Kupfermünze. Weil sie ihm wertlos erschien, kickte der Junge sie weg. Er schaute ihr nach – und traute seinen Augen nicht! Plötzlich stand eine dunkle Mauer

mit Zinnen und Türmen und einem großen Tor vor ihm.

„Das ist Zauberei“, murmelte Nils.

Da öffnete sich auch schon das große Tor und er konnte nicht widerstehen hindurchzugehen. Gleich dahinter befand sich ein gepflasterter Platz,

der von hohen, prachtvollen Häusern umgeben war. Hier wimmelte es von Menschen. Die Männer trugen so kostbare Kleider, als wären sie alle Fürsten. Auch die Frauen waren prächtig geschmückt. Aber noch mehr als die Menschen beeindruckten Nils die Häuser. Ihre Giebel waren

mit Malereien, geschnitzten Figuren, bunten Glasfenstern und wertvollem Marmor so reich verziert, als wolle jeder Besitzer das schönste Haus haben.

„So etwas habe ich noch nie gesehen und werde ich nie wieder sehen“, staunte Nils und ging immer schneller durch die Stadt, um auch ja nichts zu verpassen.

Auf dem Marktplatz hatten Händler und Kaufleute ihre Waren ausgebreitet. Ein Kaufmann entdeckte Nils, winkte ihn zu sich heran und bot ihm ein Stück herrliche Seide an.

Nils schüttelte den Kopf, denn er hatte kein Geld.

Inzwischen waren auch andere Händler auf den kleinen Jungen aufmerksam geworden und boten ihm ihre besten Waren an. Einer der Kaufleute sprang über seinen Tisch und hielt ihn fest. Nils war völlig durcheinander und zeigte dem Kaufmann seine leeren Hände, um ihm auf diese Weise klarzumachen, dass er kein Geld hatte.

Da streckte der Kaufmann einen Finger in die Höhe, nickte dem Jungen zu und holte einen ganzen Berg der kostbarsten Stoffe.

„Ob er mir das alles verkaufen will?“, fragte sich Nils. Und obwohl er wusste, dass er kein Geld finden würde, schob er die Hände in die Taschen.

Als die anderen Händler das sahen, brachten sie so viel Gold- und Silberschmuck, wie sie tragen konnten. Und sie gaben Nils zu verstehen, dass alles zusammen nur ein Geldstück kosten

sollte. Er wühlte in seinen Taschen und drehte sie um, ohne dass auch nur die kleinste Münze zum Vorschein kam. Da traten den Kaufleuten, die doch so viel reicher waren als er, Tränen in die Augen.

Plötzlich fiel Nils die Kupfermünze ein, die er vorhin am Strand gefunden hatte. Er lief los und durch das Tor hinaus, durch das er die Stadt betreten hatte. Im Sand suchte er nach der Münze, fand sie und wollte in die Stadt zurück. Doch als er sich umdrehte, war sie verschwunden. Nur der Strand und das Meer lagen vor ihm.

In diesem Augenblick stieß ihn der Storch mit dem Schnabel an.

„Herr Ermenrich", sagte Nils überrascht. „Was war das für eine Stadt, die eben noch genau hier stand?"

„Eine Stadt?", fragte der Storch. „Du hast geträumt."

„Nein, ich habe ja gar nicht geschlafen!", widersprach der Junge und erzählte dem Storch, was er gesehen und erlebt hatte.

„Hm", machte Herr Ermenrich. „Ich glaube zwar immer noch, dass du das alles nur geträumt hast, aber ich will dir nicht verschweigen, was der Rabe Bataki, der gelehrteste aller Vögel, mir einmal erzählt hat. Hier soll einst die Stadt Vineta gestanden haben. Sie sei die reichste und schönste Stadt der Welt gewesen. Mit der Zeit seien ihre Einwohner hochmütig und prunksüchtig geworden. Zur Strafe dafür sei Vineta von einer Sturmflut überschwemmt und ins Meer versenkt worden. Die Einwohner aber dürften nicht sterben und ihre Stadt nicht zerstören. Nur alle hundert Jahre dürfe die Stadt in ihrer ganzen Pracht für eine Stunde aus dem Meer aufsteigen. Wenn es während dieser Stunde keinem Einwohner gelinge, einem lebendigen Wesen etwas zu verkaufen, versinke die Stadt wieder für hundert Jahre im Meer."

Nils hörte Herrn Ermenrich atemlos zu und wurde dabei immer trauriger.

„Wenn du nicht geträumt hast, sondern wirklich in der Stadt warst", fuhr der Storch fort, „hättest du die Menschen mit nur einem Geldstück erlösen können, egal wie wertlos. Dann läge Vineta jetzt vor uns und seine Einwohner dürften leben und sterben wie andere Menschen."

„Ach, Herr Ermenrich“, sagte Nils, vergrub sein Gesicht in den Händen und weinte.

6. Gierige Krähen

Im Südwesten von Smaland liegt der Bezirk Sunnerbo. Dort lebten nur wenige Menschen, weil der Boden nicht sehr fruchtbar war. Dafür bevölkerte ein Schwarm Krähen die Gegend. Eigentlich wäre Fumle-Drumle die Anführerin gewesen, denn sie war die größte Krähe im Schwarm. Aber weil sie sich oft dumm und tölpelhaft anstellte, hatte Wind-Eile sie abgesetzt und sich selbst zur Anführerin gemacht.

Eines Tages entdeckten die Krähen in einer Kiesgrube einen Tonkrug, der mit einem Holzdeckel verschlossen war. Sie waren sehr neugierig und versuchten, ein Loch in den Krug zu hacken oder den Deckel aufzubekommen. Beides gelang ihnen nicht. Während sie ratlos um den Tonkrug herumstanden, hörten sie von oben eine Stimme: „Soll ich hinunterkommen und euch helfen?“

Sie schauten hoch und sahen einen Fuchs oben stehen. Es war Smirre.

„Das wäre nett von dir“, sagte Wind-Eile.

Smirre sprang hinunter, doch auch er schaffte es nicht, den Deckel zu öffnen. Er rollte den Krug hin und her und lauschte. „Das klingt nach Münzen“, meinte er. „Bestimmt sind Silbermünzen da drin.“

Die Augen der Krähen funkelten vor Gier. „Wie können wir den Krug nur öffnen?“, fragten sie.

„Ich kenne einen kleinen Kerl, der könnte es schaffen“, antwortete Smirre.

„Wer ist es?“

„Das sage ich euch, wenn ihr mir versprecht, mir den Däumling hinterher auszuliefern.“

Wind-Eile versprach es.

Nun erzählte Smirre von Nils Holgersson, der mit den Wildgänsen unterwegs sei. Der Junge habe ihn schon einmal ziemlich reingelegt. Deshalb wolle er ihn endlich haben. „Die Silbermünzen könnt ihr alle behalten."

Sofort machten sich die Krähen auf die Suche nach dem Jungen.

Nils hatte mit den Gänsen auf einer kleinen, felsigen Insel übernachtet. Am Morgen suchte er vergeblich nach etwas Essbarem. Da entdeckte er am gegenüberliegenden Ufer ein paar Eichhörnchen. „Die haben vielleicht noch Haselnüsse von ihrem Wintervorrat übrig", dachte er und bat den Gänserich, ihn hinüberzubringen.

„Aber geh nicht zu weit weg!", mahnte der Gänserich, als er den Jungen am Ufer absetzte.

„Ich pass schon auf", entgegnete Nils und lief zu den Eichhörnchen.

Sie sprangen von Baum zu Baum, immer tiefer in den Wald hinein. Nils folgte ihnen, da wurde er plötzlich von hinten am Kragen gepackt und hochgehoben. Er drehte den Kopf und sah, dass ihn eine Krähe im Schnabel hielt.

„Lass mich los!“, schrie er, schlug um sich und strampelte wie wild.

Eine zweite Krähe packte ihn am Hosenbein und schüttelte ihn so heftig hin und her, dass er

mit dem Kopf gegen einen Ast schlug. Ihm wurde schwarz vor den Augen und er verlor das Bewusstsein.

Als er wieder zu sich kam, standen die Krähen um ihn herum. „Bringt mich sofort zu den Wildgänsen zurück!“, forderte Nils.

„Sei still oder ich hacke dir die Augen aus!“, zischte Wind-Eile.

In diesem Augenblick hörte Nils die Rufe der Wildgänse und wollte schon antworten.

„Denk an deine Augen!“, warnte ihn Wind-Eile.

Die Rufe der Wildgänse wurden leiser. Die Krähen warteten noch kurz, dann sagte Wind-Eile: „Fumle-Drumle, du bist die Größte von uns. Nimm du den Jungen auf deinen Rücken! Aber lass ihn bloß nicht runterfallen!“

Fumle-Drumle wagte nicht, der Anführerin zu widersprechen.

Unterwegs lobte Nils sie, weil sie so sicher und ruhig flog. Das freute Fumle-Drumle, mit der schon lange niemand mehr so freundlich geredet hatte.

„Hör zu“, flüsterte sie, „Wind-Eile ist böse. Dort unten wird sie von dir eine Arbeit verlangen, aber hüte dich davor, sie auszuführen!“

Nils wollte noch etwas fragen, da landeten sie schon in der Kiesgrube.

„Komm her, Kleiner!“, rief Wind-Eile ungeduldig. „Du musst etwas für uns tun, das für dich eine Kleinigkeit ist.“

„Ich bin heute zu müde und muss mich erst mal ausruhen“, murmelte Nils. „Warte bis morgen.“

„Öffne sofort den Krug!“, befahl Wind-Eile und schüttelte ihn kräftig.

„Wie soll ich armes Kind diesen Krug öffnen können?“, fragte Nils. „Der ist ja so groß wie ich.“

„Öffne ihn, sonst kannst du was erleben!“ Wind-Eile pickte den Jungen ins Bein.

Das wollte Nils sich nicht gefallen lassen. Er riss sich los, zog sein Messer, das er immer bei

sich trug, aus der Scheide und hielt es der Krähe entgegen. „Nimm dich in Acht, du!“, rief er.

Blind vor Wut stürzte Wind-Eile auf den Jungen zu und direkt ins Messer. Nils zog es zwar schnell zurück, doch Wind-Eile schlug nur noch ein paarmal mit den Flügeln und sank dann tot zu Boden.

„Wind-Eile ist tot! Der Fremde hat unsere Anführerin umgebracht!“, riefen die Krähen. „Das muss er büßen!“

Nils befand sich in einer scheinbar aussichtslosen Lage. Entkommen konnte er den Krähen nicht. Er schaute sich nach einem Versteck um und entdeckte den Krug. Schnell riss er den Deckel herunter und wollte hineinspringen. Aber der Krug war voller Silbermünzen. Um für sich Platz zu schaffen, warf er die Münzen in hohem Bogen hinaus. Da vergaßen die Krähen ihre Rachegedanken und pickten gierig die Münzen auf.

Als Nils alle Münzen aus dem Krug geworfen hatte, schaute er auf und sah nur noch eine Krähe: Fumle-Drumle. Sie kam näher und sagte: „Du hast viel für mich getan, Däumling, viel mehr, als du ahnen kannst. Deshalb bringe ich dich jetzt auch nicht zu Smirre, sondern zurück zu deinen Freunden.“

7. Wieder zu Hause

Die Tage vergingen und Nils fühlte sich bei den Wildgänsen sehr wohl. Vor allem den Sommer in Lappland fand er herrlich. Er flog mit dem Adler Gorgo höher als je zuvor, spielte mit den Küken von Gänserich Martin und seiner Frau Daunenfein, ritt auf zahmen Rentieren und erlebte noch

viel mehr. Aber langsam ging der Sommer zu Ende und Nils dachte immer häufiger an sein

Elternhaus. Wie mochte es Vater und Mutter gehen, wie all den Tieren?

Als Nils wieder einmal auf einem Felsvorsprung saß und in die Ferne schaute, landete Akka von Kebnekajse neben ihm. „Morgen machen wir uns auf den Weg nach Süden. Freust du dich darüber?“

Nils strahlte sie an. „Und wie!“, sagte er nur.

Akka wollte ihm helfen. Sie beauftragte den Adler Gorgo in Nils' Heimat zu fliegen. Dort sollte Gorgo das Wichtelmännchen bitten, den Däumling wieder in einen Menschen zu verwandeln.

Am nächsten Morgen setzte Nils sich auf den Rücken des Gänserichs Martin und los ging die Reise! Als sie einmal Rast machten, kam Gorgo angeflogen. „Ich habe den Hof gefunden und auch das Wichtelmännchen entdeckt“, berichtete er. „Es hat gesagt, der Däumling kann erst wieder ein Mensch werden, wenn er den Gänserich nach Hause bringt, damit sein Vater ihn schlachten kann.“

Da wurde es ganz still.

Nils schüttelte den Kopf und ballte die Fäuste. „Das ist grausam von dem Wichtelmännchen!“, rief der Junge. „Ich werde meinen besten Freund nicht ans Messer liefern. Niemals! Unter dieser Bedingung kann ich nicht zu meinen Eltern zurückkehren.“

Einige Tage später sagte Akka zu Nils: „Wir sind nicht weit von deinem Elternhaus entfernt. Hast du nicht Lust, einen kleinen Besuch zu machen und deine Eltern zu sehen? Wenn der Gänserich hierbleibt, kann ihm ja nichts geschehen.“

„Ja, das stimmt“, sagte Nils und stieg sofort auf Akkas Rücken.

Es dauerte nicht lange, bis der kleine Bauernhof vor ihnen auftauchte. Akka ließ sich auf der Steinmauer nieder, die den Hof umgab.

„Es hat sich nichts verändert“, meinte Nils leise. „Mir ist, als hätte ich euch erst gestern vorbeifliegen sehen.“

„Hat dein Vater eine Flinte?“, fragte Akka.

„Natürlich“, antwortete Nils.

„Dann ist es zu gefährlich für mich, hier auf dich zu warten“, erklärte Akka. „Am besten wird sein, du bleibst über Nacht hier und schleichst dich morgen früh wieder zu uns zurück.“

Nils kletterte von der Mauer hinunter und ging in den Kuhstall. Im Frühling hatten drei prächtige Kühe dort gestanden, jetzt sah Nils nur noch eine.

„Guten Tag, Majros!“, sagte er. „Wie geht es meiner Mutter und meinem Vater? Was machen die Hühner und die Gänse und die Katze? Und wo sind Stern und Gull-Lilja?“

Majros staunte. „Ich habe gehört, du hättest dich sehr verändert, und es scheint wirklich zu stimmen. Guten Tag, Nils Holgersson. Das ist der erste schöne Augenblick für mich seit Langem.“

„Danke“, sagte Nils. „Aber nun erzähl mir, wie es Vater und Mutter geht!“

„Seit du fortgegangen bist, haben sie nichts als Kummer und Unglück gehabt“, begann die Kuh. „Das teure Pferd lahmt und kann nicht arbeiten. Es steht nur im Stall und frisst. Deswegen hat dein Vater Stern und Gull-Lilja verkaufen müssen.“

„Meine Mutter war wohl sehr verärgert, als sie entdeckte, dass der Gänserich fehlte?“

„Ach, der Gänserich war ihr nicht so wichtig“, erklärte Majros. „Viel schlimmer war für deine Eltern, dass du fortgelaufen bist. Um dich haben sie getrauert, wie man trauert, wenn man sein Liebstes verloren hat.“

Als der Junge das hörte, verließ er rasch den Kuhstall, ging zum Pferd und sprach mit ihm.

„Ich bin nicht krank“, sagte es. „Ich habe mir etwas Spitzes in den Fuß getreten, das der Tierarzt nicht findet.“

„Wie gut, dass du keine richtige Krankheit hast“, freute sich Nils. „Ich werde dir helfen.“ Er nahm sein Messer und ritzte etwas in den Huf. Gerade als er damit fertig war, hörte er draußen Stimmen. Vorsichtig schaute er zur Stalltür hinaus und sah seine Eltern. Sie wirkten sehr bedrückt.

„Nein, ich will nicht noch mehr Schulden haben“, sagte der Vater gerade. „Lieber verkaufen wir den Hof.“

„Und wenn der Junge eines Tages arm und krank zurückkommt?“, erwiderte die Mutter. „Ach, wenn er nur hier wäre, dann wäre mir alles andere einerlei.“

Der Vater seufzte und ging mit seiner Frau ins Haus.

Durch die Worte seiner Eltern wusste Nils, wie lieb sie ihn hatten. Das machte ihn sehr glücklich. „Aber wenn sie mich so sehen, sind sie bestimmt noch trauriger als jetzt“, dachte er.

Während er noch überlegte, was er tun sollte, kam sein Vater, um nach dem Pferd zu sehen. „Was ist denn das?“, rief er, als er die Buchstaben auf dem Huf sah. „Nimm das Eisen ab!“, las er halblaut und schaute sich um. Kopfschüttelnd machte er sich an die Arbeit.

Inzwischen landeten draußen Gänserich Martin mit seiner Frau Daunenfein und ihren Kindern. Der Gänserich hatte der Versuchung nicht widerstehen können, seiner Familie zu zeigen, wo er früher gelebt hatte.

„Kommt, ich zeige euch den Gänsestall“, sagte er.

Kaum waren sie drin, schlug die Bäuerin die Tür zu und lief sofort zu ihrem Mann in den Pferdestall. „Komm und sieh dir an, was ich für einen Fang gemacht habe!“, rief sie.

„Warte!“, entgegnete er und hielt ein spitzes Eisenstück in die Höhe. „Das steckte unter dem Hufeisen, deswegen konnte unser Pferd nicht gehen.“

„Ich glaube, das Glück kehrt wieder bei uns ein“, sagte die Bäuerin. „Stell dir vor, unser Gänserich ist wieder da! Er muss wohl im Frühjahr mit den Wildgänsen fortgeflogen sein. Nun ist er zurückgekommen und hat sieben Wildgänse mitgebracht.“

„Dann wissen wir jetzt, dass unser Sohn den Gänserich damals nicht gestohlen hat“, meinte der Bauer.

Seine Frau nickte. „Wenn wir die Gänse heute noch schlachten, können wir sie zum Martinstag in der Stadt verkaufen. Dann haben wir auch wieder Geld. Komm, hilf mir, sie ins Haus zu tragen!“

Nils kam aus seinem Versteck und sah, wie sein Vater mit Daunenfein und dem Gänserich unter den Armen über den Hof ins Haus ging.

„Däumling, hilf mir!", rief der Gänserich.

Nils wollte noch immer nicht, dass seine Eltern ihn so sahen. Doch dann schoss ihm durch den Kopf, was er mit dem Gänserich alles erlebt hatte – auf zugefrorenen Seen, über stürmischen Meeren und mit gefährlichen Tieren. Da fühlte er sein Herz kräftiger schlagen, spürte Dankbarkeit und Liebe. Er lief zum Haus und klopfte an die Tür.

„Ist da jemand?", fragte der Vater und öffnete.

„Mutter, du darfst den Gänsen nichts tun!", rief Nils.

Der Gänserich und Daunenfein stießen Freudenschreie aus. So wusste Nils, dass sie noch lebten.

Auch die Mutter stieß einen Freudenschrei aus. „Nein, wie groß und hübsch du geworden bist!

Gott sei Lob und Dank, dass ich dich wiederhabe!“ Sie schloss ihren Sohn in die Arme.

Da merkte er, was geschehen war. „Vater! Mutter! Ich bin groß! Ich bin wieder ein Mensch!“, rief er.

8. Abschied von den Wildgänsen

Am nächsten Morgen wanderte Nils schon vor Tagesanbruch zum Strand hinunter. Er ging noch wie im Traum, fühlte sich mal als Däumling, mal als Mensch.

Am Ufer stellte er sich auf einen Sandhügel, damit die Wildgänse ihn gut sehen konnten. Es dauerte auch nicht lange, bis eine Schar angeflogen kam und über ihm kreiste. Nils hörte Akka rufen, verstand aber nicht, was sie sagte. Er winkte mit seiner roten Mütze, lief am Strand hin und her und rief: „Hier bin ich!“

Aber es schien, als habe er die Wildgänse erschreckt. Sie flogen höher und aufs Meer hinaus. Da wurde Nils klar, dass sie ihn nicht mehr erkannten. Und er konnte sie nicht rufen, weil ein Mensch die Sprache der Vögel nicht sprechen kann.

Obwohl der Junge glücklich war, wieder ein Mensch zu sein, tat es ihm weh, dass seine Freunde nun ohne ihn weiterflogen. Traurig setzte er sich in den Sand.

Da hörte er plötzlich Flügelrauschen. Die alte Mutter Akka hatte ihn doch noch erkannt. Und jetzt, wo Nils still dasaß, wagte sie sich näher an ihn heran. Sie ließ sich neben dem Jungen nieder. Der Junge stieß einen Freudenschrei aus

und nahm sie in die Arme. Nun kamen auch die anderen Wildgänse herbei, rieben ihre Schnäbel an ihm und schnatterten laut durcheinander. Doch mit einem Mal wurden sie merkwürdig still und schauten Nils an, als wollten sie sagen:

„Du bist ja ein Mensch. Du verstehst uns nicht und wir verstehen dich nicht.“

Nils stand auf, umarmte die Wildgänse und streichelte sie. Dann verließ er langsam den Strand. Auf einer Böschung drehte er sich noch einmal um und sah Akkas Schwarm geordnet übers Meer fliegen. Da ergriff den Jungen eine so schmerzliche Sehnsucht, dass er sich beinahe wünschte, wieder der Däumling zu sein, um mit den Wildgänsen über Land und Meer fliegen zu können.